国家电网
STATE GRID

国网能源研究院有限公司
STATE GRID ENERGY RESEARCH INSTITUTE CO., LTD.

电力价格
简明知识

国网能源研究院有限公司 编

中国电力出版社
CHINA ELECTRIC POWER PRESS

图书在版编目（CIP）数据

电力价格简明知识/国网能源研究院有限公司编．—北京：中国电力出版社，2023.7（2024.9 重印）
ISBN 978-7-5198-7928-0

Ⅰ．①电…　Ⅱ．①国…　Ⅲ．①电价－基本知识　Ⅳ．①F407.61

中国国家版本馆 CIP 数据核字（2023）第 112108 号

出版发行：中国电力出版社
地　　　址：北京市东城区北京站西街 19 号（邮政编码 100005）
网　　　址：http://www.cepp.sgcc.com.cn
责任编辑：刘汝青（010-63412382）
责任校对：黄　蓓　常燕昆
装帧设计：张俊霞
责任印制：吴　迪

印　　刷：三河市万龙印装有限公司
版　　次：2023 年 7 月第一版
印　　次：2024 年 9 月北京第四次印刷
开　　本：787 毫米×1092 毫米　16 开本
印　　张：5.75
字　　数：61 千字
印　　数：4001—5000 册
定　　价：58.00 元

《电力价格简明知识》
编 委 会

主　任　欧阳昌裕

委　员　王广辉　柴高峰　仇文勇　李伟阳　王耀华

　　　　李　健　单葆国　蒋莉萍　郑厚清　马　莉

　　　　代红才　鲁　刚　郑海峰　韩新阳　李琼慧

　　　　张　勇　李成仁　方　彤　左新强　魏　哲

编 写 组

组　长　李成仁

主笔人　张　超　尤培培

成　员　高　效　赵　茜　许　钊　刘思佳　孙启星

　　　　李炎林　李司陶　卿　琛　李红军　李　博

　　　　孙燕一

　　党的二十大报告中强调"治国有常，利民为本"，坚持以人民至上，坚持在发展中保障和改善民生。我国电价事关国计民生和电力工业可持续发展，电价改革是我国电力市场化改革的核心内容，电价政策历来备受社会各界关注。

　　国家电网有限公司党组高度重视电力市场与电价改革。辛保安董事长多次强调，要不断推动完善电力市场交易机制，发挥价格机制引导作用，促进用户主动节约用电、合理错峰避峰。近年来，国家加快建设全国统一电力市场体系，电力市场化改革进一步提速，普及电价改革和有关基础知识，有助于电力市场化改革的科学稳步推进。

　　作为国家电网有限公司智库建设的主体单位，国网能源研究院有限公司（简称国网能源院）长期跟踪电价改革，基于我国现行电价机制研究，编制《电力价格简明知识》一书。本书主要内容涵盖电价体系、机制与方法，发电环节价格，输配电环节价格，用电环节价格，环保电价，政府性基金及附加六个方面，此外还提供了电价水平国内外比较分析内容供读者查阅。

　　本书力求兼顾简明性和工具性，但受时间和水平限制，不足与疏漏在所难免，诚恳希望得到批评指正，以便后续优化完善。

2023 年 5 月

目 录

前言

一、电价体系、机制与方法 ·· 1

　　1. 电价体系 ·· 1

　　2. 计价形式 ·· 3

　　3. 电力定价机制 ·· 4

　　4. 电价传导机制 ·· 6

　　5. 电价调整机制 ·· 6

　　6. 电力定价方法 ·· 6

　　7. 拉姆齐定价法 ·· 7

　　8. 经营期定价法 ·· 8

　　9. 标杆电价 ·· 8

二、发电环节价格 ·· 10

　　10. 煤电上网电价 ·· 10

一、电价体系、机制与方法

主要介绍电价体系、机制与有关定价方法。电价体系按环节分为上网、输配和销售三类，计价形式是电价体系的重要组成部分。**电价机制**包括定价机制、传导机制和调整机制三类，其中**定价机制**分为政府定价和市场定价。**理论定价方法**主要包括边际成本定价法和会计成本定价法，拉姆齐定价法结合了这两种方法的特点。在实践中广泛应用的经营期定价法以会计成本定价法为基础。

1. 电价体系

电价体系是指一个国家或地区内电力产品、服务及生产要素价格相互关系的有机整体，体现了各类电价之间相互联系、相互制约的内在关系。电价体系通常按电力交易环节、生产特征、产品属性、功能和服务对象、计价方式等形成和构建。

电价体系按环节划分为上网电价体系、输配电价体系和销售电价体系。

上网电价体系按发电资源类型分为煤电、气电、水电、抽水蓄能发电、核电、生物质发电、风电、光伏发电、光热发电等上网电价；在电力市场环境下，按照功能分为电能量、容量和辅助服务（发电侧）等价格。

　　输配电价体系按功能分为共用网络服务、专项服务、辅助服务（向用户侧传导）等价格，其中共用网络服务价格通常按居民、农业、大工业、一般工商业等不同用户分类，以及按 330 千伏、220 千伏、110 千伏、35 千伏、20 千伏、10 千伏和小于 1 千伏等不同电压等级分类。

　　销售电价体系按服务对象分用户、分电压等级构成，分类方式同共用网络输配电价。

一、二、三段式电价

　　一、二、三段式电价是我国电力体制改革分阶段对应的电价体系的简称。

　　"一段式电价"（1985 年前）：1985 年以前，我国由国家独家办电，发电、输配电和售电一体化运营，未区分供电环节，因而执行一段式电价，仅在电力销售环节体现价格。

　　"二段式电价"（1985—2014 年）：1985 年开始，我国为解决电力短缺问题，出台了集资办电政策。为吸引资金投入，在发电环节逐步形成了独立的电价形式，即上网电价。2002 年《关于印发电力体制改革方案的通知》（国发〔2002〕5 号）发布，启动"厂网分开、竞价上网"改革，二段式电价得以确立。

　　"三段式电价"（2014 年至今）：2015 年《关于进一步深化电力体制改革的若干意见》（中发〔2015〕9 号）印发，按照"管住中间、放开两头"的体制构架推进电力市场化改革，明确提出"单独核定输配电价""把输配电价与发售电价在形成机制上分开"等要求，三段式电价正式形成。

随着电力市场化改革深入推进，电价结构得到进一步丰富完善。《关于第三监管周期省级电网输配电价及有关事项的通知》(发改价格〔2023〕526号)就明确：工商业用户用电价格由上网电价、上网环节线损费用、输配电价、系统运行费用、政府性基金及附加组成，其中系统运行费用包括辅助服务费用、抽水蓄能容量电费等。

2. 计价形式

计价形式是指按电量或按容量方式收取电费的方式。

单一制电价包括单一电量电价和单一容量电价。单一电量电价是按每千瓦时电量确定电价水平的计价形式，用电越多，所付电费也越多，易于被用户了解和接受，适用于小负荷用电等用户的用电价格。**单一容量电价**是按每千瓦需量或每千伏安容量确定电价水平的计价形式，不考虑用电设备的耗用电量和用电时间。

两部制电价是指同时按电量和容量计价的方式。两部制电价由英国于1882年首先提出，在世界范围内得到广泛应用，我国于1954年开始在用户侧全面推行使用。两部制电价下，电度电价针对"电量"需求，主要回收电力供应中的变动成本；基本电价针对"电力"需求，主要回收电力供应中的固定成本。

3. 电力定价机制

电力定价机制包括政府定价和市场定价两类。

政府定价是以成本为基础的定价方法，主要目标是补偿供电成本、形成合理收益、依法计入税金。政府定价的优势在于机制简明、价格稳定，便于将电价作为政策性调节工具，控制垄断利润；缺点在于高度依赖全面细致的成本审查，价格水平难以及时反映发用电成本变化，配置电力资源的效率往往不高。

市场定价是在市场竞争下主要由供求关系决定价格的定价方法，主要目标是高效配置电力资源。市场定价的优势在于价格水平可准确、及时反映电力供求关系变化，配置效率较政府定价高；缺点在于价格频繁波动形成风险，在竞争不充分的情况下容易形成价格操纵或市场失灵，需要配套严格的市场监管。

电力市场化电价形成方式

集中竞价，指在设置的交易报价提交截止时间前，电力交易平台汇总市场主体提交的交易申报信息，按照市场规则统一出清形成价格的过程。

滚动撮合，指在规定的交易起止时间内，市场主体滚动提交购电或者售电信息，电力交易平台按照时间优先、价格优先的原则撮合成交形成价格的过程。

挂牌，指市场主体通过电力交易平台，将需求电量或者可供电量的数量和价格等信息对外发布要约，符合资格要求的另一方提出接受该要约的过程。

市场化改革前，电价按政府定价方式形成；**市场化改革后，**上网电价引入竞争、由市场定价形成，输配电价独立监管、由政府定价形成，销售电价主要由市场定价形成、政府实施调控。**目前我国处于市场化改革过渡期，**政府定价和市场定价两种方式并行，形成电价"双轨制"。

电价"双轨制"形成过程

2002 年以前，供用电各环节完全按照政府定价方式形成电价。2002年《关于印发电力体制改革方案的通知》（国发〔2002〕5 号）发布，明确"竞价上网"发展方向，经过 2004 年区域市场交易试水和 2009 年电力直接交易试水，逐渐形成"部分发电由市场定价、其他发电由政府定价"的发电侧"双轨制"，以及"部分工商业用电由市场定价、其他用电保持由政府定价"的用户侧"双轨制"。

2015 年《关于进一步深化电力体制改革的若干意见》（中发〔2015〕9 号）印发，进一步加快电力市场化改革，由市场定价的发用两侧电量占比逐步提高；2021 年 10 月《关于进一步深化燃煤发电上网电价市场化改革的通知》（发改价格〔2021〕1439 号）印发，明确燃煤发电原则上全部进入市场、工商业用户也全部进入市场，进而形成"全部煤电及部分其他发电由市场定价、其他发电由政府定价"和"所有工商业用电由市场定价、居民农业用电保持由政府定价"的"双轨制"。

国网能源院认为，随着我国推动构建高水平社会主义市场经济体制，着力完善要素市场化配置体制机制，加快建设全国统一电力市场体系，电力市场机制逐步完善、规模逐步扩大、产品逐渐丰富、主体逐渐成熟，市场优化配置电力资源的作用将愈发显现。

4. 电价传导机制

电价传导机制是指电力商品在生产、输配以及销售过程中，某一环节（或领域）的成本或价格变化向其他环节（或领域）价格传递的内在机制。主要包括三个方面：一是发电成本向终端销售电价传导，例如煤电联动机制；二是辅助服务成本向发电主体和电力用户传导；三是输配电成本在各级电网间和向终端销售电价传导。科学的电价传导机制是维护用电公平的重要制度保障。

5. 电价调整机制

电价调整机制是政府根据供电成本变化或政策需要，干预调节电价水平的制度设计，主要应用于政府定价领域。例如，实施煤电价格联动，同时调整燃煤机组上网电价和工商业销售电价；再如，省级电网输配电价定价办法，明确按跨周期统筹和平滑调整等方式调整输配电价。

6. 电力定价方法

电力定价方法主要包括边际成本定价和会计成本定价。"边际成本"是指产量增加一个单位所引起的成本变动量，边际成本定价可确保社会福利最大化，于 20 世纪 60 年代引入电力系统，如在电力竞价交易中，将边际成本定义为满足负荷的最后一台机组单位出力对应的发电成本。**会计成本定价**也称平均成本定价，是保证企业财务平衡的一种定价方法，在电力竞价交易之外的广泛领域应用。相较而言，边际成本定价有利于维护社会整体福利，会计成本定价有助于保障企业成本回收。

7. 拉姆齐定价法

拉姆齐定价法（ramsey pricing）是考虑需求价格弹性的定价方法，目标是解决边际成本定价无法回收全部固定成本的问题，属于一种次优定价理论。在此方法下，对需求价格弹性较大的用户按贴近供电边际成本定价，对需求价格弹性较小的用户按高出供电边际成本定价。拉姆齐定价在确保电力企业弥补成本的同时，能够尽量避免社会福利损失，但实际应用难度大，实践中运用较少。

电力需求价格弹性

需求价格弹性是需求量对价格变动敏感程度的度量，数值上等于需求变动百分比与价格变动百分比的比值。电力具有"必需品"属性，因此与一般商品相比，电力需求受电价影响相对较小，电力需求价格弹性较弱。但不同电力用户类型的需求价格弹性差异大，企业生产和服务用电就较居民生活用电有更大弹性。

8. 经营期定价法

经营期定价法是综合考虑项目经营期内各年度收入、投运成本、还本付息金额、税金等确定一个电价,使项目净现金流量满足目标内部收益率的一种方法。经营期定价法 1997 年首先应用于发电项目,2001 年《关于规范电价管理有关问题的通知》(计价格〔2001〕701 号)进行规范;截至目前,经营期电价仍在跨省跨区专项工程输电定价、抽水蓄能容量成本定价等领域应用。与还本付息定价以个别成本为基础的事后定价不同,经营期定价是按先进机组的社会平均成本为基础的事前定价。

还本付息定价法

还本付息定价法是考虑发电投资本息偿付需要后确定电价水平的。我国于 1985 年首提还本付息电价(国发〔1985〕72 号),1987 年政策(〔1987〕水电财字第 101 号)进一步明确价格组成,即上网电价 = 发电单位成本 + 发电单位税金 + 发电单位利润。其中,发电单位利润按在规定期限内还清电力项目投资本息和平均留利水平计算;还清投资本息后,只按发电企业平均利润水平计算。目前已不再执行。

---

9. 标杆电价

标杆电价是基于经营期定价法,按照不同地区社会平均先进成本加适当

的投资回报实施的定价。2004 年,《关于进一步疏导电价矛盾规范电价管理的通知》(发改价格〔2004〕610 号)印发,要求对同一地区新投产的同类机组(按水电、火电、核电、风电等分类),原则上按同一价格水平核定上网电价,从而确立了发电标杆电价制度。我国从 2020 年 1 月 1 日起不再执行煤电标杆电价,核电、水电等标杆电价仍在执行中。标杆电价按地区定价,较"一厂一价"更加简明、高效、透明,体现出激励性,有利于引导投资。

二、发电环节价格

主要介绍上网电价、可再生能源发电补贴等价格形式与有关机制。上网电价是发电企业与购电方进行上网电能结算的价格，用于弥补发电环节生产成本，保障合理利润。上网电价内涵丰富：**按发电电源类型，**可分为燃煤发电电价、燃气发电电价、水力发电电价、抽水蓄能电价、核能发电电价、风力发电电价、太阳能发电电价、生物质发电电价等；**按市场类型，**可分为电力中长期价格、电力现货价格、电力辅助服务价格（发电侧）、容量成本补偿价格等。此外，为实现上网电价从政府定价转向市场定价，还形成了一系列价格概念与相关机制。

10．煤电上网电价

煤电上网电价是指燃煤发电上网的交易价格，主要执行单一电量电价。煤电上网电价先后经历了还本付息电价、经营期电价、标杆电价、市场化定价四个阶段。2020 年 1 月 1 日起，煤电上网电价按照"基准价＋上下浮动"的市场化价格机制执行。其中，**基准价**按当地现行燃煤发电标杆上网电价确定，包含了脱硫、脱硝、除尘电价，由电网企业保障供应的电量继续执行超低排放电价，国家发展改革委可根据市场发展适时对基准价进行调整。上下

浮动于 2020 年开始实施， 自 2021 年 10 月 15 日开始，原则上均不超过 20%，高耗能企业市场交易电价不受上浮 20% 限制。

煤、电价格联动机制

煤、电价格联动机制是政府通过调整煤电标杆电价和用户销售电价，向终端用电户疏导燃煤发电成本的一类制度安排。

2004 年《关于建立煤电价格联动机制的意见》（发改价格〔2004〕2909 号）决定建立煤、电价格联动机制，按半年为一个调整周期、电力企业消化 30% 煤价上涨因素的方式测算调整上网电价和销售电价。

2012 年《关于深化电煤市场化改革的指导意见》（国办发〔2012〕57 号）印发，明确当电煤价格波动幅度超过 5% 时，以年度为周期，相应调整上网电价，同时将电力企业消纳煤价波动的比例由 30% 调整为10%。

2015 年《关于完善煤电价格联动机制有关事项的通知》（发改价格〔2015〕3169 号）印发，明确以中国电煤价格指数 2015 年各省（价区）平均价格作为基准煤价，设立煤价波动启动点（每吨 30 元）和熔断点（每吨 150 元），两点之间实行累退联动。该政策建立起更客观的联动测算依据，这也是最后一次系统完善煤、电价格联动机制。

2019 年《关于深化燃煤发电上网电价形成机制改革的指导意见》（发改价格规〔2019〕1658 号）明确从 2020 年 1 月 1 日起取消煤、电价格联动机制。

"基准价+上下浮动"市场化价格机制

2019 年发改价格规〔2019〕1658 号文明确,从 2020 年 1 月 1 日起将煤电标杆电价机制改为"基准价+上下浮动"的市场化价格机制,基准价按当地现行煤电标杆电价确定,浮动幅度范围为上浮不超过 10%、下浮原则上不超过 15%,现货交易不受浮动限制,并要求 2020 年暂不上浮,同时煤、电价格联动机制不再执行。不具备市场交易条件或未参与市场交易的工商业用户,按基准价执行。

2021 年 10 月 11 日,国家发展改革委印发《关于进一步深化燃煤发电上网电价市场化改革的通知》(发改价格〔2021〕1439 号),明确从 2021 年 10 月 15 日起,燃煤发电电量全部进入市场,通过市场交易在"基准价+上下浮动"范围内形成上网电价;上下浮动原则上均不超过 20%,高耗能企业市场交易电价不受上浮 20%限制,现货交易不受浮动限制;对暂未直接从电力市场购电的用户由电网企业代理购电;保持居民、农业用电价格稳定。

国网能源院认为,2020 年以前,我国煤电以标杆电价等政府定价为主,以市场化定价为辅;2020 年以后,国家全面加快煤电市场化电价机制建设,并以此为契机着力扩大市场规模、培育市场主体。在市场化条件下,如何足额补偿煤电经营成本,以继续发挥煤电"压舱石"作用,是目前迫切需要解决的问题。一是要继续加快丰富和完善电力市场机制,通过电能量、辅助服务以及容量等市场多渠道反映煤电的平衡、调节价值;二是要在市场机制尚未健全时用好政府补偿、限价等政策，确保煤电机组平稳过渡；三是要关注碳排放、"三改联动"等清洁高效利用成本的有序、有效疏导。

11. 气电上网电价

气电上网电价是指燃气发电上网的交易价格，逐步向两部制计价方向发展完善。《关于规范天然气发电上网电价管理有关问题的通知》（发改价格〔2014〕3009号）规定，新投产天然气热电联产机组实行标杆电价，由省级价格主管部门综合考虑发电成本、社会效益和用户承受能力确定；新投产天然气调峰机组上网电价，在参考热电联产机组标杆价基础上，适当考虑发电成本合理差异后确定；具备条件的地区，气电上网电价可以通过市场竞争或与电力用户协商确定；建立气、电价格联动机制的，最高电价不得超过当地燃煤发电上网标杆电价或当地电网企业平均购电价格每千瓦时0.35元（含增值税，下同）。目前，全国已有部分省市建立了气电两部制电价以及气、电价格联动机制，并鼓励气电参与电力市场交易形成上网电价。

12. 水电上网电价

水电上网电价是指水力发电上网的交易价格，主要执行单一电量电价。水电上网电价形成方式比较多样。2004年以前，水电上网电价以还本付息和经营期定价的"一厂一价"方式为主；2004年《关于进一步疏导电价矛盾规范电价管理的通知》（发改价格〔2004〕610号）提出建立水电标杆电价制度；2014年《关于完善水电上网电价形成机制的通知》（发改价格〔2014

61 号）印发，建立起老机组执行"一厂一价"、省内新机组执行标杆电价、跨省跨区送电经协商落地电价后倒算水电上网电价的多种定价方式。目前部分水电大省已经开始尝试以市场竞争方式形成水电价格。

13. 抽水蓄能电价

抽水蓄能电价是指抽水蓄能发电上网交易价格，执行两部制电价形式。

按照《关于进一步完善抽水蓄能价格形成机制的意见》（发改价格〔2021〕633号），抽水蓄能抽水电价按煤电基准价的 75%执行，鼓励通过竞争性招标执行中标价；**发电上网电量电价**按煤电基准价执行；**发电上网容量电价**根据《抽水蓄能容量电价核定办法》按照经营期定价法核定，将逐步降低政府核定的抽水蓄能容量占比，推动通过参与市场回收成本、获得收益，收益的 20%留存电站分享。《关于第三监管周期省级电网输配电价及有关事项的通知》（发改价格〔2023〕526 号）明确，抽水蓄能容量电费在输配电价外单列，纳入系统运行费用。《关于抽水蓄能电站容量电价及有关事项的通知》（发改价格〔2023〕533 号）核定了在运及 2025 年底前拟投运的 48 座抽水蓄能电站容量电价。

抽水蓄能容量电价经营期定价主要参数
电站经营期按 40 年核定；经营期内资本金内部收益率按 6.5%核定；贷款额据实核定，还贷期限按 25 年计算；运行维护费率（运行维护费除以固定资产原值的比例）按在运电站费率从低到高排名前 50%的平均水

平核定；电站投资按照政府主管部门批复的项目核准文件或施工图预算投资确定，资本金按照工程投资的 20%计算。

注　来源于《关于进一步完善抽水蓄能价格形成机制的意见》（发改价格〔2021〕633号）附件《抽水蓄能容量电价核定办法》。

14. 核电上网电价

核电上网电价是指核能发电上网的交易价格，主要执行单一电量电价。 核电上网电价有"一厂一价"和标杆电价两类。2013 年以前，核电基本实行"一厂一价"；《关于完善核电上网电价机制有关问题的通知》（发改价格〔2013〕1130 号）明确，2013 年 1 月 1 日以后新建核电机组实行每千瓦时 0.43 元的标杆电价，若机组所在地煤电标杆价更低，则执行投产当年的煤电标杆价，首台或首批核电机组或示范工程上网电价可适当提高。《关于三代核电首批项目试行上网电价的通知》（发改价格〔2019〕535 号）提出所涉首批三代核电项目，设计利用小时数以内的电量按照政府定价执行，以外的电量按照市场价格执行。

15. 风电上网电价

风电上网电价是指风力发电上网的交易价格。 风电上网电价可分为陆上风电和海上风电两类价格，均经历了标杆电价、指导价、平价上网三个阶段。

陆上风电：《关于完善风力发电上网电价政策的通知》（发改价格〔2009

1906 号）首次按四个资源区确定陆上风电标杆电价，明确高出当地燃煤机组标杆价部分通过征收可再生能源电价附加解决；2014—2016 年，陆上风电标杆电价先后三次退坡；2019 年陆上风电标杆电价改为指导价，2019—2020 年继续实施两轮退坡；2021 年起新备案陆上风电项目实行平价上网，国家不再补贴。

海上风电：《关于海上风电上网电价政策的通知》（发改价格〔2014〕1216号）首次区分近海和潮间带两种类型，规定了非招标海上风电标杆电价；2019 年海上风电标杆电价改为指导价，2019—2020 年近海风电指导价两轮退坡，潮间带风电指导价按不高于陆上风电指导价执行；2021 年 12 月 31 日后新增海上风电平价上网，不再纳入中央财政补贴范围。

表1   风 电 上 网 电 价

单位：元/千瓦时

政策文件	适用期间	陆上风电				海上风电	
		I 类	II 类	III 类	IV 类	近海	潮间带
发改价格〔2009〕1906 号	2009 年 8 月—2014 年 12 月（标杆电价）	0.51	0.54	0.58	0.61	未涉及	
发改价格〔2014〕3008 号	2015 年 1 月—2015 年 12 月（标杆电价）	0.49	0.52	0.56	0.61		
发改价格〔2014〕1216 号	2014 年 6 月—2016 年 12 月（标杆电价）					0.85	0.75

续表

政策文件	适用期间	陆上风电				海上风电	
		Ⅰ类	Ⅱ类	Ⅲ类	Ⅳ类	近海	潮间带
发改价格〔2015〕3044号	2016年1月—2017年12月（标杆电价）	0.47	0.50	0.54	0.60		
发改价格〔2016〕2729号	2018年1月—2019年6月（标杆电价）	0.40	0.45	0.49	0.57		
发改价格〔2019〕882号	2019年7月—2019年12月（指导价）	0.34	0.39	0.43	0.52	0.80	不高于陆上风电指导价
	2020年1月—2020年12月（指导价）	0.29	0.34	0.38	0.47	0.75	不高于陆上风电指导价
	2021年1月至今（平价上网）	国家不再补贴					
财建〔2020〕4号	2022年1月至今（平价上网）					不再纳入中央补贴范围	

注　未标明价格表示对应政策未作规定，执行标准承上。

16. 太阳能发电上网电价

太阳能发电上网电价是指光伏发电和光热发电上网的交易价格。其中，光伏发电上网电价可分为集中式光伏电站上网电价和分布式光伏上网电价。

集中式光伏电站上网电价经历了标杆电价、指导价、平价上网三个阶段：

《关于完善太阳能光伏发电上网电价政策的通知》(发改价格〔2011〕1594号)对非招标光伏发电项目实行全国统一的标杆上网电价,明确高于当地燃煤机组标杆价部分通过征收可再生能源电价附加解决;2013年首次按三个资源区确定光伏电站标杆电价,并在2015—2018年间四次退坡;2019年集中式光伏电站标杆电价改为指导价,2019—2020年继续两次退坡后,2021年起新备案集中式光伏电站实行平价上网,中央财政不再补贴。

分布式光伏上网电价主要采用度电补贴方式,按照《关于发挥价格杠杆作用促进光伏产业健康发展的通知》(发改价格〔2013〕1638号)要求,国家开始对分布式光伏发电全电量补贴每千瓦时0.42元;2018年初,对"自发自用、余量上网"模式按全电量补贴、补贴标准退坡至每千瓦时0.37元,"全额上网"模式执行所在资源区光伏电站价格;2018年中,补贴标准继续退坡至每千瓦时0.32元;2019年起区分工商业项目和户用项目,2019—2020年继续两次退坡;2021年8月起,新备案工商业分布式光伏实行平价上网,中央财政不再补贴。

表2　　　　　　　　　光伏发电上网电价

单位:元/千瓦时

政策文件	适用期间	集中式光伏电站			常规分布式光伏发电（度电补贴标准）	
		I 类	II 类	III 类	工商业	户用
发改价格〔2011〕1594号	2011年7月—2013年8月（标杆电价）	1.15 或 1.0			未涉及	

续表

政策文件	适用期间	集中式光伏电站			常规分布式光伏发电（度电补贴标准）	
		Ⅰ类	Ⅱ类	Ⅲ类	工商业	户用
发改价格〔2013〕1638号	2013年9月—2015年12月（标杆电价）	0.90	0.95	1.0	全电量补贴0.42	
发改价格〔2015〕3044号	2016年1月—2016年12月（标杆电价）	0.80	0.88	0.98		
发改价格〔2016〕2729号	2017年1月—2017年12月（标杆电价）	0.65	0.75	0.85		
发改价格规〔2017〕2196号	2018年1月—2018年5月（标杆电价）	0.55	0.65	0.75	0.37（仅"自发自用、余量上网"模式，下同）	
发改能源〔2018〕823号	2018年6月—2019年6月（标杆电价）	0.50	0.60	0.70	0.32	
发改价格〔2019〕761号	2019年7月—2020年5月（指导价）	0.40	0.45	0.55	0.10	0.18（含"全额上网"模式）
发改价格〔2020〕511号	2020年6月—2021年7月（指导价）	0.35	0.4	0.49	0.05	0.08（含"全额上网"模式）
发改价格〔2021〕833号	2021年8月至今（平价上网）	中央财政不再补贴				

注 表中未列示光伏扶贫项目；2018年1月起，常规分布式光伏发电在"全额上网"模式下，按光伏电站价格执行；户用项目均按全电量补贴；未标明价格表示对应政策未作规定，执行标准承上。

光热发电上网电价按照《关于太阳能热发电标杆上网电价政策的通知》（发改价格〔2016〕1881号）规定，核定全国统一标杆电价为每千瓦时1.15元。2021年12月31日后新增光热发电项目不再纳入中央财政补贴范围。

17. 生物质发电上网电价

生物质发电上网电价是对农林生物质发电、生活垃圾焚烧发电、垃圾填埋气发电和沼气发电上网的交易价格的统称。《可再生能源发电价格和费用分摊管理试行办法》（发改价格〔2006〕7号）明确分地区制定生物质发电标杆电价，价格水平为各地2005年煤电标杆价加每千瓦时0.25元，自投产之日起15年内享受补贴，2010年起每年新建项目补贴较上一年新建项目补贴递减2%。2010年政策继续调整，农林生物质发电标杆电价调整为每千瓦时0.75元；2012年，生活垃圾焚烧发电标杆电价调整为每千瓦时0.65元；2020年开始按"以收定支"原则，对新增项目的补贴总额实施控制；2021年起，分非竞争配置和竞争配置两类分别切块安排当年新增补贴资金。

表3　　　　　　　　　　　生物质发电上网电价

单位：元/千瓦时

政策文件	适用期间	农林生物质发电	生活垃圾焚烧发电	垃圾填埋气发电	沼气发电
发改价格〔2006〕7号	2006年1月—2010年6月	各地2005年脱硫燃煤机组标杆上网电价加补贴电价（0.25元/千瓦时）组成			

续表

政策文件	适用期间	农林生物质发电	生活垃圾焚烧发电	垃圾填埋气发电	沼气发电
发改价格〔2010〕1579号	2010年7月—2012年3月	0.75			
发改价格〔2012〕801号	2012年4月至今		0.65		
发改能源〔2020〕1421号	2020年	承上政策，并规定2020年1月20日（含）之后并网新增项目，中央新增补贴资金额度15亿元为止			
发改能源〔2021〕1190号	2021年	承上政策，新增非竞争配置项目中央补贴总资金20亿元；竞争配置项目中央补贴资金5亿元			

注　未标明价格表示对应政策未作规定，执行标准承上。

18. 可再生能源发电全额保障性收购

可再生能源发电全额保障性收购是电网企业根据国家确定的上网标杆电价和保障性收购利用小时数，结合市场竞争机制，通过落实优先发电制度，在确保供电安全的前提下，全额收购规划范围内的可再生能源发电项目上网电量的政策。《可再生能源法》明确了我国实行可再生能源发电全额保障性收购制度。2016年，国家对部分弃风、弃光问题地区规划内的风电、光伏发电首次核定了最低保障收购年利用小时数。保障小时数以内的电量为保障性收购电量，通过优先安排年度发电计划、执行优先发电合同，保障全额按标杆价/指导价收购（即"保量保价"）；保障小时数以外的电量为市场交易电量，通过参与市场竞争方式获得发电合同，电网企业优先调度。

表 4　　2016—2021 年度全国风电重点地区年利用小时数情况

省（区）	资源区	保障性收购利用小时数	实际利用小时数					
			2016 年	2017 年	2018 年	2019 年	2020 年	2021 年
内蒙古	I 类	2000	1938	2115	2254	2207	2318	2626
	II 类	1900	1724	1987	2250	2346	2378	2407
新疆	I 类	1900	1723	2119	2357	2414	2616	2781
	III 类	1800	1209	1684	1897	2026	2178	2241
甘肃	II 类	1800	1045	1495	1792	1840	2016	2153
	III 类	1800	1179	1417	1723	1660	1638	1861
宁夏	III 类	1850	1553	1650	1888	1811	1653	2018
黑龙江	III 类	1900	1703	1910	2224	2374	2255	2063
	IV 类	1850	1652	1907	2121	2308	2270	2254
吉林	III 类	1800	1317	1688	2019	2188	2302	2280
	IV 类	1800	1454	1972	2321	2398	2355	2427
辽宁	IV 类	1850	1928	2141	2264	2299	2243	2293
河北	II 类	1900	2054	2185	2218	2028	2032	1995
山西	IV 类	1900	1926	1998	2267	1969	1750	2317

注　数据来源于国家能源局发布的各年度《全国可再生能源电力发展监测评价报告》。其中，河北保障性收购利用小时数 2016 年为 2000 小时，自 2017 年起调整为 1900 小时。

表 5　　2016—2021 年度全国光伏重点地区年利用小时数情况

省（区）	资源区	保障性收购利用小时数	实际利用小时数					
			2016 年	2017 年	2018 年	2019 年	2020 年	2021 年
内蒙古	I 类	1500	1476	1636	1649	1658	1626	1568
	II 类	1400	1505	1545	1525	1633	1619	1562

省（区）	资源区	保障性收购利用小时数	实际利用小时数					
			2016 年	2017 年	2018 年	2019 年	2020 年	2021 年
新疆	Ⅰ类	1500	956	1226	1353	1473	1655	1597
	Ⅱ类	1350	853	1080	1217	1154	1414	1455
甘肃	Ⅰ类	1500	995	1118	1328	1441	1535	1562
	Ⅱ类	1400	1041	1129	1200	1179	1263	1389
青海	Ⅰ类	1500	1403	1535	1505	1511	1436	1474
	Ⅱ类	1450	1453	1497	1461	1451	1387	1248
宁夏	Ⅰ类	1500	1269	1326	1376	1364	1390	1471
陕西	Ⅱ类	1300	1246	1287	1316	1294	1466	1455
黑龙江	Ⅱ类	1300	1334	1380	1311	1459	1507	1503
吉林	Ⅱ类	1300	1146	1542	1283	1468	1477	1537
辽宁	Ⅱ类	1300	1140	1295	1207	1350	1388	1327
河北	Ⅱ类	1400	1382	1438	1372	1438	1485	1343
山西	Ⅱ类	1400	1560	1564	1355	1471	1470	1424

注　数据来源于国家能源局发布的各年度《全国可再生能源电力发展监测评价报告》。

19. 可再生能源发电补贴

可再生能源发电补贴，是按政府确定的上网电价收购可再生能源电量所发生的费用，高于按照常规能源发电平均上网电价计算所发生费用之间的差额。数值上，可再生能源发电补贴等于可再生能源发电上网电价减去当地燃煤机组标杆电价的部分。此外，户用分布式光伏、"自发自用、余量上网"的工商业分布式光伏按定额方式补助。2013 年以来，各类可再生能源发电补贴逐步退坡，目前存量项目按全生命周期合理利用小时数及"以收定支"方式实施补贴；新增项目总体实现不再补贴。

全生命周期合理利用小时数是对存量可再生能源发电项目确定中央财政补贴额度的依据。2020 年，我国核定了各类项目的全生命周期合理利用小时数，并明确按照项目全生命周期补贴电量（项目容量×项目全生命周期合理利用小时数）给予补贴：未超过全生命周期补贴电量的部分，按当年实际发电量获得补贴；超过的部分不再享受中央财政补贴。此外，风电、光伏发电项目自并网之日起满 20 年后，生物质发电项目自并网之日起满 15 年后，无论项目是否达到全生命周期补贴电量，均不再享受中央财政补贴资金。

表 6　　　　　　　各类项目全生命周期合理利用小时数

项目	资源区	全生命周期合理利用小时数
陆上风电	I 类资源区	48000 小时
	II 类资源区	44000 小时
	III 类资源区	40000 小时
	IV 类资源区	36000 小时
海上风电		52000 小时
光伏发电	I 类资源区	32000 小时
	II 类资源区	26000 小时
	III 类资源区	22000 小时
国家确定的光伏领跑者基地项目和 2019、2020 年竞价项目		在所在资源区小时数基础上增加 10%
生物质发电项目		82500 小时

注　数据来源于《关于〈关于促进非水可再生能源发电健康发展的若干意见〉有关事项的补充通知》（财建〔2020〕426 号）。

国网能源院认为，能源低碳转型过程也是碳排"负外部性"在电力部门"显性化"的过程，将驱动电力行业内部依据"社会成本"调整生产和利用电能的结构，无论是以往政府补贴的方式还是过渡到市场配置的方式，外部成本的"内部化"都将推动电力供应成本的上涨。因此，需争取以"尽可能低的成本代价"实现能源低碳转型。

20．市场化交易结算电价

市场化交易结算电价是市场交易双方财务结算的依据，包括按报价结算（pay as bid，PAB）和按出清价结算（market clearing price，MCP）两类。市场报价是电力市场主体在申报截止前或规定时限内，针对批发市场交易标的物申报的价格，主要指集中竞价交易中的申报价格，双边市场下的发电企业、售电公司和电力用户均参与价格申报，单边市场下仅发电企业申报价格。**市场出清价**是在电力集中竞价交易中，发电侧报价从低到高顺序排列，与用户负荷逐一成交乃至满足所有负荷需求时，所对应的最后一个发电主体报价。按出清价结算具有多方面优势，被广泛运用于国内外电力市场竞价交易。

21．电力中长期价格

电力中长期价格一般指在多年、年、季、月、周、多日等中长期电能量批发市场形成的交易成交价。《电力中长期交易基本规则》（发改能源规〔2020〕889号）规定，除计划电量执行政府确定的价格外，电力中长期交易成交价由市场主体通过双边协商、集中交易等市场化方式形成。

22. 电力现货价格

电力现货价格一般指在日前、日内或实时/平衡的电能量批发市场形成的交易成交价；特定语境下，既包括电能量价格，也包括调频、备用等辅助服务价格。其中，**日前市场价格**指运行日提前一天形成的，以运行日24小时电力为标的物的交易成交价；**日内市场价格**指运行日内滚动形成的，以未来数个小时电力为标的物的交易成交价；**实时/平衡市场价格**指运行日内以未来分钟级电力为标的物的交易成交价，集中式市场在"全电量优化"模式下形成实时市场价格，分散式市场对"不平衡电量"优化形成平衡市场价格。

电力现货价格的形成方式主要包括节点电价、分区电价两类。**节点电价**是在节点电价法下形成的电价，该方法是在电网特定节点上，以新增单位负荷所产生的新增供电成本为基础确定电价水平的方法，其实质是一种基于最优潮流的算法。节点电价受发电边际成本、系统容量、网损、线路阻塞四方面因素影响。美国因各区域内网络阻塞比较严重，广泛采用节点电价。**分区电价**是当电网存在输电阻塞时，按阻塞断面将市场分成不同价格区域，对不同区域分别确定的出清价格。分区电价可视为节点电价的简化与替代，英国等部分欧洲国家电力市场采用分区电价。

23. 电力辅助服务价格

电力辅助服务价格是为补偿回收"维持电力系统安全稳定运行、保证电能质量、促进清洁能源消纳"所形成的，提供有偿电力辅助服务所对应的价格。按照《电力辅助服务管理办法》（国能发监管规〔2021〕61 号）规定，有偿电力辅助服务可通过固定补偿或市场化方式提供补偿，固定补偿方式下的补偿标准综合考虑电力辅助服务成本、性能表现及合理收益等因素，按"补偿成本、合理收益"原则确定；市场化补偿形成机制遵循考虑电力辅助服务成本、合理确定价格区间、通过市场化竞争形成价格的原则制定，具体方式包括集中竞价、公开招标/挂牌/拍卖、双边协商等。

表 7　　　　　　　　　　电力辅助服务固定补偿考虑因素

电力辅助服务产品	固定补偿考虑因素
调频辅助服务	一次调频固定补偿参考电网转动惯量需求、单体惯量大小等因素；二次调频固定补偿参考改造成本、维持电网频率稳定过程中实际贡献量等因素
调峰辅助服务	参考社会平均容量成本、相关投资成本、有功发电量损失等因素
备用辅助服务	参考社会平均容量成本、相关投资成本、有功发电量损失等因素
无功平衡辅助服务	按低于电网投资新建无功补偿装置和运行维护的成本为原则
转动惯量辅助服务	参考社会平均容量成本、相关投资成本、有功发电量损失等因素
爬坡辅助服务	参考社会平均容量成本、相关投资成本、有功发电量损失等因素
稳定切机辅助服务	参考投资成本、机会成本和机组启动成本等因素
稳定切负荷辅助服务	考虑用户损失负荷成本等因素
黑启动辅助服务	参考投资成本、维护费用、黑启动期间运行费用、每年用于黑启动测试和人员培训费用等因素

注　来源于《电力辅助服务管理办法》（国能发监管规〔2021〕61 号）。

国网能源院认为，以风电、光伏发电为主的新能源大规模并网后，我国电价中的辅助服务成本占比将明显提高，妥善解决成本承担以及如何承担的问题愈发迫切。我国电力辅助服务存在规模小（辅助服务收入在发电侧总收入中占比低）、品种少（传统品类细分程度不足）、机制不完善（相关成本由发电单侧承担）等问题，未来需鼓励新兴主体参与辅助服务，调整和丰富辅助服务产品种类，推动成本分担机制按"谁受益、谁承担"原则优化、细化。

24. 容量成本补偿方式

容量成本补偿方式主要包括容量市场机制、容量补偿机制和稀缺定价机制三种。

容量市场机制是以保障电力系统可靠发电容量充裕度为目标，通过市场化竞争方式确定对可靠发电容量的补偿标准，一般由系统运营商公开招标。

容量补偿机制是通过政府定价方式确定对发电机组的补偿标准，一般根据系统高峰时的边际机组（或主力机组）的造价、经营期、回报率、系统可靠性要求、已补偿成本等因素，综合确定机组容量补偿标准。智利、阿根廷、秘鲁、西班牙等国家采用了容量补偿机制；目前我国仅山东建立了容量补偿机制，容量补偿价格为 0.0991 元/千瓦时。

稀缺定价机制是对电能量市场设置极高的价格上限，当电力稀缺时，通过短时高价补偿电源投资成本的制度安排，一定程度上可鼓励增加发电容量，提高容量充裕度。目前澳大利亚和美国得州采用该模式，其中澳大利亚价格上限为 13800 澳元/兆瓦时，美国得州价格上限为 9000 美元/兆瓦时。

国网能源院认为，"容量市场"可适应我国用户对电价波动承受力较差、电源/负荷结构变化较快等特征，因此建议吸收容量补偿机制经验，以省内容量市场试点为起步，逐步在电力受端大区建立容量市场，实现容量成本充分补偿。

25. 电力市场偏差考核机制

电力市场偏差考核机制是通过约束交易报量、能力申报等行为，减小合同电量、申报能力等与实际情况出现较大偏差的一种机制设计。电力市场偏差考核机制在中长期、现货、辅助服务等各类市场中均广泛应用。

26. 电力市场限价机制

电力市场限价机制是为避免市场化电价大幅波动风险设定最高价或最低价。电力市场价格上限，是为避免因电力供需过度紧张或市场力操纵影响导致市场价格过高而明显脱离电力实际价值，对发电报价或出清价设置的最高价格。**电力市场价格下限**是为防止交易价格过低远难以补偿发电机组成本而影响发电积极性，对市场主体报价设置的最低价格。目前，煤电中长期限价由国家统一规定，省间现货分电网经营区确定，省内现货、需求响应、辅助服务等价格上下限由各地在国家政策要求下分别制定。

失负荷价值

失负荷价值（value of lost load，VOLL）是因未能提供单位电力造成的经济损失，通常采用意愿调研、经济统计等方法确定。失负荷价值往往作为电力市场价格上限/价格帽的参考依据。

27．差价合约

差价合约（contract for difference，CfD）是在电力中长期交易中不需要物理执行的一种双边金融合同，用于锁定电力交易的结算价格。一种模式下，电力交易双方在完成合同指定的竞价交易并根据市场出清价首次结算后，再按照合同中约定的电量与目标价格进行二次结算：市场价高于目标价时，由售电方按价差补偿购电方；反之，则由购电方补偿售电方。另一种模式下，电力交易平台在市场出清后，直接按合同约定的电量与目标价格结算，偏差电量按出清价结算。差价合约可为交易双方规避电价波动风险，也可用来解决搁浅成本、市场力控制及可再生能源消纳等问题，包括单向和双向、政府授权和双边约定、确定量价和非确定量价等形式。

28．代理购电价

代理购电价是执行电网企业代理购电的工商业用户上网电价，分省按月测算、次月执行。《关于组织开展电网企业代理购电工作有关事项的通知》（发改办价格〔2021〕809号）明确，代理购电价包括平均上网电价、辅助服务费用折算电价等；执行中，一些省份容量补偿电价也作为代理购电价的组成部分。其中，平均上网电价又涵盖了保障居民农业用电稳定的新增损益折算电价、偏差电费折算电价、线损损益折算电价等内容。以下用户代理购电价按1.5倍执行：①已直接参与市场交易，在无正当理由情况下改由电网企业代理购电的用户；②拥有燃煤发电自备电厂、由电网企业代理购电的用户；

③暂不能直接参与市场交易由电网代理购电的高耗能用户。

国网能源院认为，在市场过渡期，部分中小型工商业用户主观上缺乏直接进入市场的动力，客观上缺少竞价或选择售电商的专业能力，市场议价能力较差，市场交易价格波动性较大。电网企业代理购电以市场集中竞价均价为基础结算，对中小用户而言，将低于其直接进入市场的交易价格，一定程度上可避免这部分用户用电价格大幅波动。

29. 发电权交易

发电权交易是发电企业将基数电量合同、优先发电合同等合同电量，通过电力交易平台，以双边协商、集中竞价、挂牌等市场化方式向其他发电企业进行转让的交易行为。原则上，发电权交易由大容量、高参数、环保机组替代低效、高污染火电机组及关停发电机组发电，由水电、风电、光伏发电、核电等清洁能源发电机组替代低效、高污染火电机组发电，不应逆向替代。

30. 电力金融衍生品价格

电力金融衍生品价格是指一般电力金融衍生品（电力远期合约产品、电力期货合约产品、电力期权产品等）和特殊电力金融衍生品（金融输电权和差价合约等）产品的价格。电力金融衍生品可作为现货市场的重要补充，起到电力市场套期保值、价格发现、长期稳定运行的重要作用。

三、输配电环节价格

主要介绍输配电价体系、输配电价形成及管制方式等相关概念，以及我国实践中的部分输配电机制。输配电价是电网企业提供接入系统、联网、电能输送和销售服务的价格总称。**输配电价体系**包括共用网络输配电价、专项服务价格、辅助服务价格，其中辅助服务价格特指向用户收取的部分费用（列入系统运行费用）。**输配电价形成方式**包括购销差价和目录输配电价。**目录输配电价的管制方式**理论上包括成本加成管制和激励性管制两类，目前我国采用前者。

31. 共用网络输配电价

共用网络输配电价用于补偿为区域、省级及增量配电共用网络用户提供输配电服务对应的成本。2015 年输配电价改革之前，共用网络输配电价由电网平均销售电价（不含代收的政府性基金及附加）扣除平均购电价及输配电损耗后确定；2015 年输配电价改革之后，逐步过渡到"准许成本加合理收益"方法定价。

区域电网输电价指区域电网运行机构运营区域共用输电网络提供的电量输送和系统安全及可靠性服务的价格。《区域电网输电价格定价办法》（发改价格规〔2020〕100 号）规定，区域电网输电价以成本监审为基础，按照"准许成本加合理收益"方法核定区域电网准许收入，通过容量电费和电量电费两种方式回收。电量电价随区域电网实际交易结算电量收取；容量电价随各省级电网终端销售电量（含市场化交易电量）收取。区域电网输电价在每一监管周期开始前核定，监管周期为三年。

表 8　　第三监管周期区域电网输电价格（自 2023 年 6 月 1 日起执行）

单位：分/千瓦时

区域	电量电价	容量电价	
		省区	水平
华北	0.82	北京	1.90
		天津	1.37
		冀北	0.58
		河北	0.60
		山西	0.26
		山东	0.36
华东	0.75	上海	0.63
		江苏	0.36
		浙江	0.38
		安徽	0.52
		福建	0.24
华中	2.22	湖北	0.32
		湖南	0.30

续表

区域	电量电价	容量电价	
		省区	水平
华中	2.22	河南	0.23
		江西	0.29
		四川	0.20
		重庆	0.49
东北	1.63	辽宁	0.41
		吉林	0.43
		黑龙江	0.39
		蒙东	0.40
西北	1.42	陕西	0.14
		甘肃	0.27
		青海	0.14
		宁夏	0.19
		新疆	0.09

注　来源于《关于第三监管周期区域电网输电价格及其有关事项的通知》（发改价格〔2023〕532号）。表中电价含增值税，电量电价不含线损。

省级电网输配电价指省级电网企业在其经营范围内为用户提供共用网络输配电服务的价格。《省级电网输配电价定价办法》（发改价格规〔2020〕101号）规定，省级电网输配电价以成本监审为基础，按照"准许成本加合理收益"方法核定输配电准许收入，再核定分电压等级和各类用户输配电价。

省级电网输配电价在每一监管周期开始前核定，监管周期为三年。第三监管周期省级电网输配电价于 2023 年 5 月公布，自 2023 年 6 月 1 日起执行。

增量配电网配电价指增量配电网企业在其经营范围内为用户提供共用网络配电服务的价格。《关于制定地方电网和增量配电网配电价格的指导意见》（发改价格规〔2017〕2269 号）明确，用户承担的配电网配电价格与上一级电网输配电价之和不得高于其直接接入相同电压等级对应的现行省级电网输配电价。对于招标方式确定投资主体的配电网项目，采用招标定价法确定配电价格；对于非招标方式确定投资主体的配电网项目，可以选择准许收入法、最高限价法和标尺竞争法中的一种或几种方法确定配电价格。

32. 专项服务电价

专项服务电价指电网企业利用专用设施为特定用户提供服务的价格，包含专用工程输电价、联网价和接入价三类。

专用工程输电价即跨省跨区专项工程输电价，指电网企业通过跨省跨区专项工程提供跨省跨区电能输送、电网互济和安全保障等服务的价格。《跨省跨区专项工程输电价格定价办法》（发改价格规〔2021〕1455 号）明确，跨省跨区专项工程投运前，核定临时输电价格；工程竣工决算并开展成本监审后，核定正式输电价格；工程经营期内，每五年校核一次；跨省跨区专项工程输电价格按经营期法核定，实行单一电量电价。

国网能源院认为，近年来跨省跨区专项工程输送新能源电量比例逐渐提高，提供季节性余缺互济和安全备用的作用显著提升，单一电量电价难以充分反映综合价值；同时，随着电力市场化改革纵深推进，交易种类、频次和不确定性明显增加，部分专项工程送受两端价格空间不足、交易难以达成的矛盾凸显，单一电量电价也不利于促进交易达成。因此，未来跨省跨区专项工程输电价宜考虑采用两部制计价方式。

表 9　　跨省跨区专项工程输电价格（截至 2023 年 5 月）

项目名称	输电价格		线损率（%）	政策文件
	电量电价（分/千瓦时）	容量电价（元/千瓦年）		
宾金直流	4.54	—	6.50	
德宝直流	3.36	—	3.00	
府谷送出	1.45	—	2.50	
高岭直流	2.35	—	1.70	
葛南直流	5.58	—	7.50	
哈郑直流（天中直流）	6.13	—	7.20	
呼辽直流	4.20	—	4.12	
江城直流	3.85	—	7.65	发改价格〔2019〕842 号
锦界送出	1.81	—	2.50	
锦苏直流	5.11	—	7.00	
晋南荆工程（长南荆交流）	2.51	—	1.50	
林枫直流	4.39	—	7.50	
灵宝直流	4.03	—	1.00	
龙政直流	6.75	—	7.50	

续表

项目名称	输电价格		线损率（%）	政策文件
	电量电价（分/千瓦时）	容量电价（元/千瓦年）		
宁东直流（银东直流）	5.08	—	7.00	发改价格〔2019〕842 号
青藏直流	6.00	—	13.70	
三峡送华中	4.51	—	0.70	
向上直流（复奉直流）	5.71	—	7.00	
辛洹线	—	40.0	0.00	
阳城送出	2.07	—	3.00	
宜华直流	6.85	—	7.50	
中俄直流	3.71	—	1.30	
溪广线	4.95	—	6.50	
云南送广东	7.55	—	6.57	
云南送广西	5.38	—	2.98	
贵州送广东	7.55	—	7.05	
贵州送广西	5.38	—	3.47	
天生桥送广东	5.95	—	5.63	
天生桥送广西	3.78	—	2.00	
（临时）昆柳龙送广东	7.61	—	4.80	发改价格〔2020〕1930 号
（临时）昆柳龙送广西	7.08	—	3.50	
（临时）盂县送出	0.81	—	2.50	发改价格〔2021〕103 号

项目名称	输电价格		线损率（%）	政策文件
	电量电价（分/千瓦时）	容量电价（元/千瓦年）		
（临时）雅湖直流	6.85	—	6.00	发改办价格〔2021〕958号
（临时）陕武直流	5.12	—	5.00	
宁绍直流（灵绍直流）	4.88	—	4.26	发改价格〔2022〕558号
酒湖直流（祁韶直流）	6.37	—	4.14	
锡泰直流	4.83	—	3.32	
（临时）闽粤联网	—	115.0	—	发改价格规〔2022〕1604号
鲁固直流（扎青直流）	4.12	—	2.69	发改价格〔2022〕1777号
雁淮直流	3.59	—	2.77	
（临时）青豫直流	6.489	—	5.83	（未公布）
（报备）吉泉直流	8.29	—	7.00	—
（报备）昭沂直流	5.895	—	6.50	
（临时）白鹤滩—江苏直流	8.36	—	6.00	发改价格〔2023〕404号
（临时）白鹤滩—浙江直流	8.14	—	6.00	

联网价指电网经营企业利用专用联网工程为电网之间提供联网服务的价格。2007年印发的《跨区域输电价格审核暂行规定》（电监价财〔2007〕13号）规定，没有长期电量交易的联网工程，联网价实行单一制容量电价；具有长期电量交易的联网工程，联网价实行两部制电价。2017年印发的《跨省跨区专项工程输电价格定价办法（试行）》（发改价格规〔2017〕2269号）规

定，以联网功能为主的专项工程按单一容量电价核定。2021 年印发的《跨省跨区专项工程输电价格定价办法》（发改价格规〔2021〕1455 号）未再明确区分联网工程。

接入价指电网企业为发电厂提供接入系统服务的价格。《输配电价管理暂行办法》（发改价格〔2005〕514 号附件二）提出，接入系统工程由电网经营企业投资建设的，实行接入价；接入价以政府价格主管部门核定的接入系统工程准许收入为基础制定，实行单一制容量电价。目前，我国并未执行接入价政策。《关于减轻可再生能源领域企业负担有关事项的通知》（国能发新能〔2018〕34 号）进一步明确，各类接入输电网的可再生能源发电项目的接网及输配电工程，全部由所在地电网企业投资建设；接入配电网的分布式可再生能源发电项目，接网工程及配套电网改造工程由电网企业（含社会投资增量配电网企业）投资建设。

33. 购销差价

购销差价指按照电网企业平均销售电价（不含代收的政府性基金及附加）扣除平均购电价及输配电损耗后确定的输配电价水平。购销差价适用于不参与电力市场交易的用户，以及参与市场交易但不采用顺价模式的用户。目前购销差价主要在居民生活、农业生产及部分执行居民用电价格的用户范围内执行。

34. 目录输配电价

目录输配电价指参与市场的电力用户执行由政府价格主管部门根据供电

服务成本核定的输配电价水平。政府价格主管部门按照核定的输配电价确定参与市场交易用户（包括代理购电用户）的用电价格，该用电价格由上网电价、上网环节线损费用、输配电价、系统运行费用（含辅助服务费用、抽水蓄能容量电费等）、政府性基金及附加等顺加形成。目前工商业用户已全部执行目录输配电价。

35. 成本加成管制

成本加成管制即投资回报率管制，是管制者依据受管制业务的准许成本加上合理利润后决定价格的一种管制模型。在成本加成管制下，监管机构通过核定电网业务投资回报率控制总收入，对输配电价实施间接管制，基本模型是 $R(P, Q)=C+rK$，其中 R 为总收入，P 为价格，Q 为产量，C 为总成本，r 为投资回报率，K 为企业资本投资总额。

"准许成本加合理收益"管制方式是成本加成管制在我国的具体应用。

36. 激励性管制

激励性管制是以激励受管制企业提高管制业务运营效率为目标，关注产出绩效和外部效应，给予一定成本节约回报或价格制定权的管制模式。激励性管制主要包括价格上限管制、收入上限管制、标尺竞争管制方式等。

激励性管制典型方式
价格上限管制通常由监管机构核定起始价格，在管制期内考虑物价

指数和效率因子，逐年调整价格上限的管制模式。典型的价格上限管制是英国原采用的"$RPI-X$"管制模型，要求垄断企业产品价格变动率不可超过零售价格指数变动率（RPI）与企业生产效率变动率（X）之差，基本模型是 $\Delta P_t/P_{t-1} \leqslant RPI-X$，其中 P 指价格上限。

收入上限管制是由监管机构核定准许收入上限，再按"$RPI-X$"调整形成管制期内逐年最高准许收入，从而得到价格的管制模式。基本模型是 $MAR_t = MAR_{t-1}(1+RPI-X)$，其中 $MARR$ 指最大准许收入。

标尺竞争管制是指监管机构将被管制企业的绩效与同类企业的绩效比较后确定合理的成本或价格水平，以促使原本各自独立垄断经营的企业之间通过竞争提高绩效、降低成本的一种管制模式。

37. 成本监审

成本监审是指定价机关通过审核经营者成本，核定政府制定价格成本的行为，是政府制定价格的前置程序，是价格监管的重要内容。《输配电定价成本监审办法》（发改价格规〔2019〕897 号）要求输配电定价成本监审遵循合法性、相关性、合理性三项原则。其中输配电定价成本，是指政府核定的电网企业提供输配电服务的合理费用支出。

38. 有效资产

有效资产是"可计提收益的有效资产"的简称，是电网企业投资形成的输配电线路、变电配电设备以及其他与输配电业务相关的资产。有效资产包括固定资产净值、无形资产净值和营运资本，是确定准许收益的基础。

39. 准许收入

准许收入是准许成本与准许收益之和。

准许成本由折旧费和运行维护费构成，其中运行维护费包括材料费、修理费、人工费、其他运营费用。按照省级电网输配电价定价办法规定，材料费、修理费和人工费三项合计按不高于监管周期新增输配电固定资产原值的 2% 核定；其他运营费用，按照不高于成本监审核定的上一监管周期电网企业费率水平的 70%，同时不高于监管周期新增输配电固定资产原值的 2.5% 核定。

准许收益是根据有效资产确定的权益及债务收益之和。准许收益＝有效资产×准许收益率。其中，准许收益率＝权益资本收益率×（1－资产负债率）＋债务资本收益率×资产负债率。

准许收益率核定标准

权益资本收益率：原则上按不超过同期国资委对电网企业经营业绩考核确定的资产回报率，并参考上一监管周期省级电网企业实际平均净资产收益率核定。在总体收益率控制的前提下，考虑东西部差异，对涉及互助帮扶的省级电网企业收益率可做适当调整。

债务资本收益率：参考电网企业实际融资结构和借款利率，以及不高于同期人民币贷款市场报价利率核定。如电网企业实际借款利率高于市场报价利率，按照市场报价利率核定；如实际借款利率低于市场报价利率，按照实际借款利率加二者差额的50%核定。

资产负债率：按照国资委考核标准并参考上一监管周期电网企业资产负债率平均值核定。

注　来源于《省级电网输配电价定价办法》（发改价格规〔2020〕101号）。

40. 电价交叉补贴

电价交叉补贴通常是指，某一类或多类用电主体的用电价格低于实际供电成本的差额，由其他用电主体用电价格高出实际供电成本的部分进行补偿的制度安排。用户侧电价交叉补贴主要存在于不同电压等级间、不同用户间、不同地区间和城乡间等。随着电力市场化改革，执行目录电价用户（居民农业用户）的购电成本变化会导致交叉补贴变化。

用户侧电价交叉补贴主要形式与产生原因
电压等级间电价交叉补贴：高电压等级用户用电价格对低电压等级用户用电价格的补贴。主要产生原因是输配电成本难以准确归集分摊至

各电压等级。

用户间电价交叉补贴：工商业用户用电价格对居民农业用户用电价格的补贴，是我国电价交叉补贴的主要形式。主要产生原因是确保民生低价用电稳定的制度要求。随着居民用电占比持续提高，用户间交叉补贴规模逐年增长。

地区间电价交叉补贴：省域范围内不同成本地区间的执行统一电价产生的交叉补贴。主要产生原因是支持地区间平衡发展的制度要求。

城乡间电价交叉补贴：省域范围内城市用户用电价格对农村用户用电价格的补贴。主要产生原因是为支持农村发展的制度要求，通过"两改一同价"推动城乡用电同网同价。

41. 过网费

过网费一般指分布式电源与配电网内电力用户就近交易时，为回收电网网架投资和运行维护成本，并获得合理资产回报而收取的费用。《关于开展分布式发电市场化交易试点的通知》（发改能源〔2017〕1901号）提出，过网费由地方价格主管部门依据国家输配电价改革有关规定制定；核定过网费前，暂按电力用户接入电压等级对应的核定输配电价（含交叉补贴），扣减分布式发电市场化交易所涉最高电压等级输配电价的价差执行。

国网能源院认为，在现行分布式用户过网费模式下，分布式用户在承担输配电通道容量成本和交叉补贴责任等方面存在不公平性问题。分布式发电波动性大，出力不足或瞬时零出力情况时有发生，而电网企业承担供电兜底保障服务，需要备用足够的输配电容量以应对突发状况。尽管过网费可回收部分备用成本，但按电压等级差的计算标准，实质上减免了"隔墙售电"用户一部分备用通道费用，转而通过省级电网共用网络输配电定价机制由其他用户承担，违背公平负担的原则。此外，通常高电压等级工商业用户要承担电价交叉补贴，按"低电压等级电价－高电压等级电价"确定过网费标准，将流失一部分交叉补贴来源，增加其他工商业用电成本负担。

42. 输电权

输电权是对输电容量的一种权利，它赋予其所有者使用该相应输电容量的权利或者取得与其相关的经济效益的权利，分为物理输电权和金融输电权。物理输电权指持有者能够在某段时间内，通过输电网络某一规定的支路或断面输送既定量电力的权利，是一类"使用权"。**金融输电权**指在发生输电阻塞时，持有者能够获得阻塞盈余费用返还的权利，是一类"收益权"。

输电权在国际上已被广泛应用，例如，美国 PJM 市场最早从 1998 年开始试行金融输电权，其他几大市场相继采用；2016 年欧盟发布《远期输电容量分配规则》，明确规定各输电系统运营商有义务向参与跨价区交易的市场参与者提供物理输电权或金融输电权。在我国，2019 年印发的《关于深化电力现货市场建设试点工作的意见》（发改办能源规〔2019〕828 号）提出，电力现货试点地区可视实际需要探索开展输电权交易。2022 年印发的《关于加快建设全国统一电力市场体系的指导意见》（发改体改〔2022〕118 号）进一步提出，加快建立市场化的跨省跨区输电权分配和交易机制。

四、用电环节价格

主要介绍销售电价、电力服务收费、特殊行业电价、分时电价及其他用户侧电价相关概念。销售电价是供电单位对终端用户销售电能的价格，按用户类别可分为居民生活、农业生产、工商业（或大工业、一般工商业）三类，数值上等于上网电价、上网环节线损费用、输配电价、系统运行费用、政府性基金及附加之和（居民农业用电采用目录电价形式）。**电力服务收费**包括双回路及以上高可靠性电费、自备电厂系统备"用费、自备电厂电价交叉补贴等三种。**特殊行业电价**则包括港口岸电价格、电动汽车充换电价格等。**分时电价**目前主要在用户侧应用，包括实时、峰谷、季节和丰枯电价等四类。随着市场化改革的推进，逐渐形成了更加灵活的价格形式，需求侧响应电价、代理购电用户电价、零售电价等是其中的代表。

43. 目录电价/目录销售电价

目录销售电价是各级价格主管部门通过正式文件印发的用户用电价格，**电价水平中含政府性基金及附加、增值税，通常简称为目录电价**。我国从 1961 年开始执行统一的目录销售电价。2021 年 11 月，取消了工商业用户目录销售电价，居民（含公益性事业用户）、农业用电仍保持执行。

我国目录销售电价政策沿革

新中国成立之初，销售电价由各地分别制定。1961 年，国家统一颁布目录电价。1975 年，水利电力部颁发《电、热价格》（〔1975〕水电财字第 67 号），在规定各省（区、市）目录电价水平的同时，对销售电价按用电类别规范为六大类：照明电价、非工业电价、普通工业电价、大工业电价、农业生产电价、趸售电价。1993 年，国家指导各省（区、市）出台新电价表，增加贫困县农业排灌用电，并将非工业用电、普通工业用电合并为非普用电。1997—1998 年，取消集资办电等多种电价，归并省内价区，推行全省（区、市）统一销售电价，增加了商业用电类别。

2013 年 5 月，国家发展改革委出台《关于调整销售电价分类结构有关问题的通知》（发改价格〔2013〕973 号），规定用五年时间，将销售电价分类由现行居民、大工业、非普工业、商业、非居民照明、农业生产、农业排灌七类逐步归并为居民生活、农业生产、工商业及其他用电价格三个类别，并明确了按供电成本和负荷特性计价的销售电价改革方向。

2021 年 10 月，《关于进一步深化燃煤发电上网电价市场化改革的通知》（发改价格〔2021〕1439 号）印发，明确我国从 2021 年 11 月开始取消工商业用户目录电价，居民（含公益性事业用户）、农业用电仍执行目录电价。

2023 年 5 月，《关于第三监管周期省级电网输配电价及有关事项的通知》（发改价格〔2023〕526 号）印发，明确居民生活、农业生产用电继续执行现行目录销售电价政策。

44. 居民生活用电价格

居民生活用电价格是城乡居民家庭住宅，以及机关、部队、学校、企事业单位集体宿舍的生活用电价格。城乡居民住宅小区公用附属设施用电（不包括从事生产、经营活动用电），以及学校教学和学生生活用电、社会福利场所生活用电、宗教场所生活用电、城乡社区居民委员会服务设施用电、监狱监房生活用电，执行居民生活用电价格。此外，我国对家政企业在社区设置服务网点的租赁场地用电、养老托育服务机构用电、农村生活污水处理设施用电等也执行居民电价。《销售电价管理暂行办法》（发改价格〔2005〕514 号附件三）规定，居民生活用电销售电价的制定和调整，政府价格主管部门应进行听证。我国于 2012 年 7 月 1 日起全面执行居民阶梯电价制度。

居民阶梯电价

《关于居民生活用电试行阶梯电价的指导意见的通知》（发改价格〔2011〕2617 号）规定，按居民用电量将"一户一表"居民用户电价分为三档：第一档保障基本用电需求，覆盖 80% 居民用户电量；第二档保障合理用电需求，覆盖 95% 居民用户电量，较第一档加价 5 分/千瓦时；

第三档满足较高生活质量用电，较第一档加价 0.3 元/千瓦时。此外，居民阶梯电价对城乡"低保户"和农村"五保户"家庭提供每户每月 10 千瓦时或 15 千瓦时免费用电优惠。

45．农业生产用电价格

农业生产用电价格指农业、林木培育和种植、畜牧业、渔业生产用电，农业排灌用电，以及农业服务业中的农产品初加工用电的价格。其中，农业排灌用电指农田（地）的排涝、灌溉用电。按照《销售电价管理暂行办法》（发改价格〔2005〕514 号附件三）要求，单列的农业排灌用电逐步归并到农业生产用电类别，执行农业生产用电价格，目前在各地已基本实现。

46．工商业用电价格

工商业用电价格是指除居民生活及农业生产用电以外的用电价格。按照《关于第三监管周期省级电网输配电价及有关事项的通知》（发改价格〔2023〕526 号）要求，除执行居民生活和农业生产用电价格以外的用电，应逐步归并为"工商业用电价格"。尚未实现工商业同价的地方，用户用电价格可分为居民生活、农业生产、大工业、一般工商业用电（除执行居民生活、农业生产和大工业用电价格以外的用电）四类。

工商业用电单一制（单一电量）、两部制价格并行。用电容量在 100 千伏安及以下的，执行单一制电价；100 千伏安至 315 千伏安之间的，可选择执行单一制或两部制电价；315 千伏安及以上的，执行两部制电价，现执行单一制电价的用户可选择执行单一制电价或两部制电价。选择执行需量电价计费方式的两部制用户，每月每千伏安用电量达到 260 千瓦时及以上的，当月需量电价按《关于第三监管周期省级电网输配电价及有关事项的通知》（发改价格〔2023〕526 号）核定标准 90% 执行。

47．大工业用电价格

大工业用电是指受电变压器（含不通过受电变压器的高压电动机）容量在 315 千伏安及以上的下列用电：以电为原动力，或以电冶炼、烘焙、熔焊、电解、电化、电热的工业生产用电；铁路（包括地下铁路、城铁）、航运、电车及石油（天然气、热力）加压站生产用电；自来水、工业实验、电子计算中心、垃圾处理、污水处理生产用电。

48．一般工商业用电价格

一般工商业用电价格涵盖了非居民照明、非工业及普通工业、商业等用电类型。非居民照明用电是除居民生活用电、商业用电、大工业用电生产车间照明以外的照明用电，以及空调、电热（不包括基建施工照明、地下铁路照明、地下防空照明、防汛临时照明）等用电或者用电设备总容量不足 3 千瓦的动力用电等。非工业用电是指凡以电为原动力，或以电冶炼、烘焙、电解、电化的试验和非工业性生产，总容量在 3 千瓦及以上的用电；普通工业用电是指凡以电为原动力，或以电冶炼、烘焙、熔焊、电解、电化的一切工业生产，受电变压器容量不足 315 千伏安或低压受电，以及在上述容量、受电电压以内的用电；**商业用电**是指从事商品交换、提供有偿服务等非公益性场所用电。

49. 功率因数调整电费

功率因数调整电费是当用户用电的实际功率因数偏离标准时，按照规定实施调增或调减的用户当月电费。按照《功率因数调整电费办法》（〔1983〕水电财字第 215 号），功率因数标准按不同类型用户，分为 0.90、0.85、0.80 三档。功率因数调整电费执行范围是 100 千伏安以上的农业、大工业和一般工商业用户。

国网能源院认为，《功率因数调整电费办法》规定的功率因数标准执行四十年未做修订，但随着新型电力系统的建设，大容量电力电子设备等非线性负荷和冲击负荷广泛应用，对电力系统的无功补偿与无功平衡提出了更高要求。为保证电力系统的安全稳定与经济运行，需进一步完善功率因数调整电费政策。

50. 趸售电价

趸售电价是国家级电网企业与地方电网之间的一类结算电价。趸售电价一般按趸售区域用户类别电量加权后的综合价执行，也可协商确定。2021 年 11 月工商业用户全面进入市场后，趸售电价将逐步与市场定价接轨。

51. 上网环节线损费用

上网环节线损费用是按实际购电上网电价和综合线损率计算的工商业用户用电价格的组成部分。2023 年 6 月之前（不含 6 月），线损费用根据购售电量差，在核定输配电价中体现；2023 年 6 月起，上网环节线损费用单列，电力市场暂不支持用户直接采购线损电量的，继续由电网企业代理采购，代理采购损益按月向全体工商业用户分摊或分享。

52. 系统运行费用

系统运行费用主要用于归集和疏导系统调节性成本，目前包括辅助服务费用、抽水蓄能容量电费等。系统运行费用的设置，有助于引导社会公众逐步接受"全社会为电力系统调节能力买单"和"谁受益、谁承担"的理念。

53. 电力服务收费

电力服务收费是为回收对特定用户提供服务形成的输配电成本，按政府规定向用户单独收取的一类费用，不作为输配电价的组成部分。电力服务收费包括双回路及以上高可靠性电费、自备电厂系统备用费、自备电厂电价交叉补贴等三类。

双回路及以上高可靠性电费是对申请新装及增加用电容量的两路及以上多回路供电（含备用电源、保安电源）用电户，除供电容量最大的供电回路外，对其余供电回路收取的高可靠性供电费用。双回路及以上高可靠性电费可发挥节约电力建设投入、合理配置电力资源的作用。

自备电厂系统备用费是用于补偿电网企业提供公共备用服务成本的收费。《关于进一步落实差别电价及自备电厂收费政策有关问题的通知》（发改电〔2004〕159号）要求，与电网连接的所有企业自备电厂均应向接网的电网公司支付系统备用费;《关于取消临时接电费和明确自备电厂有关收费政策的通知》（发改办价格〔2017〕1895号）进一步明确，对余热、余压、余气自备电厂减免系统备用费。自备电厂系统备用费标准分省统一制定，按合理补偿成本的原则，可参照所在省两部制电价中容量电价确定，也可协商确定。

自备电厂电价交叉补贴是向燃煤自备电厂收取的，为确保其履行交叉补贴社会义务的收费。2018年开始，我国各地陆续出台自备电厂电价交叉补贴标准和减免余热、余压、余气自备电厂交叉补贴有关办法。

表10　部分省（市）公布的自备电厂电价交叉补贴政策与补贴标准

省（市）	文件	执行时间	标准	"三余"机组优惠政策
上海	沪价管〔2018〕35号	自2018年7月1日起执行	0.103元/千瓦时	余热、余压、余气自备电厂免收
吉林	吉省价格〔2018〕134号	自2018年7月1日起执行	0.15元/千瓦时	—
四川	川发改价格〔2018〕369号	自2018年7月1日起执行	0.015元/千瓦时	余热、余压、余气自备电厂应收
福建	闽发改商价〔2020〕669号	从2021年1月1日起执行	0.08元/千瓦时	余热、余压、余气自备电厂免收
山东	鲁发改价格〔2019〕1236号	2020年1月1日至2022年12月31日	0.05元/千瓦时	余热、余压、余气自备电厂减免

> ## 已取消的电力服务收费：临时接电费
>
> 临时接电费是对申请基建工地、农田水利、市政建设、紧急抢险、抗旱排涝、庆祝集会、电影电视拍摄等非永久性用电的客户，按临时用电容量收取的费用。临时用电期限一般不超过 3 年。按照《关于取消临时接电费和明确自备电厂有关收费政策的通知》（发改办价格〔2017〕1895 号）规定，自 2017 年 12 月 1 日起，临时用电的电力用户不再缴纳临时接电费。

54. 特殊行业电价

特殊行业电价是国家为支持特定行业发展，带有优惠性质的电价形式。主要包括港口岸电与电动汽车充换电相关电价等类别。

港口岸电电价是码头等岸电设施经营企业按现行电价政策向船舶收取的电价，港口岸基供电执行大工业两部制电价。《关于创新和完善促进绿色发展价格机制的意见》（发改价格规〔2018〕943 号）明确，2025 年底前，对实行两部制电价的港口岸电运营商用电免收需量（容量）电费。

电动汽车充换电价格是充换电设施运营商向电动汽车用户提供充换电服务所收取的各项费用，包括充电价和服务价。**充电价**，按照《关于电动汽车用电价格政策有关问题的通知》（发改价格〔2014〕1668 号）、《关于创新和完善促进绿色发展价格机制的意见》（发改价格规〔2018〕943 号）规定，经营性集中式充换电设施（公共桩）执行大工业电价，2025 年底前免收需量（容量）电费；住宅小区充电设施（私人桩）执行居民合表用户电价；党政机关、企事业单位和社会公共停车场充电设施用电执行一般工商业电价。**服务价，**2018 年后各地逐渐放开充换电服务费由市场形成，受经营策略、装置位置、使用频率等因素影响，服务费价格水平差异较大。

已取消的特殊行业电价：电铁还贷电价

电铁还贷电价是因为电气化铁路配套供电工程的建设、运行、维修、管理和贷款偿还由电网企业负责，需要在所在路段电气化铁路的电价中单独设置价格以回收还贷资金本息的一类电价安排。《关于取消电气化铁路配套供电工程还贷电价的通知》（发改价格〔2017〕1005 号）明确从 2017 年 6 月 1 日起，取消电铁还贷电价政策。

---

55. 分时电价

分时电价通常指由政府确定并公开发布的，对用户在不同时段用电执行不同价格的电价政策安排，也称目录分时电价。分时电价主要包括实时电价、峰谷分时电价、季节性电价、丰枯电价等。

实时电价是对电力用户按每个很短的间隔时间段（一般以天甚至小时为单位）进行计价，即实时波动的价格。实时电价是电力市场不断发展下的电力产品，美国、英国等成熟市场国家已经开始执行实时电价，但在我国较少应用。

峰谷分时电价是根据用户用电需求，将每天的时间划分为尖峰、高峰、平段、低谷、深谷等时段，对各时段分别制定不同的电价水平，以鼓励引导用户削峰填谷，提高电力资源利用效率。《关于进一步完善分时电价机制的通知》（发改价格〔2021〕1093号）要求，峰谷电价价差在上年或当年预计最大系统峰谷差率超过40%的地方原则上不低于4:1，其他地方原则上不低于3:1；尖峰时段根据前两年当地电力系统最高负荷95%及以上用电负荷出现的时段合理确定，尖峰电价在峰段电价基础上上浮比例原则上不低于20%；热电联产机组和可再生能源装机占比大、电力系统阶段性供大于求矛盾突出的地方，可参照尖峰电价机制建立深谷电价机制。目前仅山东出台了深谷电价。

季节性电价是按不同季节用电负荷的变化设置不同电价水平，通常分为夏季、冬季、春秋季用电价格。

丰枯电价通常指根据来水的时间特征，针对不同月份设置枯水期、丰水期用电价格。

56. 电力需求响应机制

电力需求响应机制是指电力用户根据价格信号或激励机制改变用电行为，从而促进电力系统平衡的机制设计。电力需求响应机制主要包括价格型和激励型两类。**价格型需求响应**是指用户对随时间变化的价格作出负荷响应，自主调整用电时间、用电量等，包括实时、分时等电价机制；**激励型需求响**

应主要包括直接负荷控制、可中断负荷、紧急需求响应、需求侧竞价等价格与市场机制。

可中断负荷电价

可中断负荷是激励型需求响应的一种形式，通常是调度主体与需求响应资源提前约定，在某时段内调度主体只需提前很短的时间（一般为两个小时或更短）通知，响应资源就要削减负荷，并按协议获得价格补偿。

57．代理购电用户电价

代理购电用户电价，是针对通过电网企业代理购电间接参与市场的工商业用户，以及因主动退出市场或售电商停止购电服务等原因，转由电网企业代理购电的工商业用户的售电价格。《关于组织开展电网企业代理购电工作有关事项的通知》（发改办价格〔2021〕809号）明确，代理购电用户电价由代理购电价、输配电价、政府性基金及附加组成。

58．零售电价

零售电价通常指在零售市场中，独立售电公司面向代理用户所制定的市场化用电价格。电力零售市场放开后，售电商提供购电服务时，一般由售电商自行设计，或按监管机构发布的模板设计可供用户选择的零售电价套餐。

套餐价格水平通常包括固定电价、分时电价、与市场联动电价、绿色电价等套餐类型。

零售电价的特殊形式：保底零售电价

保底零售电价是因售电公司未及时缴清结算费用，或不符合市场履约风险要求，或退出市场且购售电合同未处理完成，由保底售电公司提供保底零售服务对应的价格。《售电公司管理办法》（发改体改规〔2021〕1595 号）规定，中长期模式下，保底零售价格按代理购电价格的 1.5 倍执行，具体由省级价格主管部门确定；现货模式下，由地方主管部门根据电力市场实际价格及保底成本确定分时保底零售电价，并定期调整。原则上，保底零售电价不得低于现货均价的 2 倍。

59. 转供电加价

转供电是指在电网企业无法直接供电到终端用户时，由其他主体转供的行为。《供电营业规则》（1996 年 10 月 8 日电力工业部令第 8 号）规定，在公用供电设施尚未到达的地区，供电企业征得该地区有供电能力的直供用户同意，可采用委托方式向其附近的用户转供电力，用户不得自行转供电。2018 年 3 月以来，国家先后印发《关于清理规范电网和转供电环节收费有关事项的通知》（发改办价格〔2018〕787 号）、《关于切实做好清理规范转供电环节加价工作有关事项的通知》（发改办价格〔2018〕1491 号），持续关注并清理规范转供电加价行为。

国网能源院认为： 2018 年以来，转供电违规加价问题虽然得到了一定程度的治理，但仍不彻底。一是电费加价成为变相增加物业费、租金的手段，导致违规加价的动力始终存在；二是部分工商业用户经营需求远大于降电费需求，终端用电户相对弱势加大了治理难度；三是用户维权意识不强，政策宣传仍存在"信号盲区"；四是工商业"转改直"因费用高、范围大、经济性差等原因，实施面临困难。因此，建议严把转供电增量关、完善物业费等费用调整机制、持续加大执法监督力度、多渠道开展政策宣传。

五、环保电价

主要介绍上网侧的煤电环保电价，以及用户侧的高耗能行业差别化电价、清洁取暖电价等概念。煤电环保电价是为发挥价格杠杆的激励和约束作用，促进燃煤发电企业建设和运行环保设施所实施的一类电价政策，主要包括脱硫电价、脱硝电价、除尘电价及超低排放电价。**高耗能行业差别化电价**是以促进高耗能行业节能、降耗、减排为目标实施的一类电价加价政策，主要包括差别电价、惩罚性电价和高耗能阶梯电价三类。

60. 煤电脱硫电价

煤电脱硫电价是对新（扩）建符合环保规定的煤电脱硫设施，或现有煤电机组完成脱硫改造，提供的上网电价支持性政策。按照《燃煤发电机组脱硫电价及脱硫设施运行管理办法（试行）》（发改价格〔2007〕1176 号）规定，新（扩）建燃煤机组必须按照环保规定同步建设脱硫设施，上网电量按含脱硫加价的煤电标杆电价执行；现有燃煤机组应完成脱硫改造，安装脱硫设施后，上网电量按每千瓦时 1.5 分加价执行；电厂使用的煤炭平均含硫量大于2%或者低于 0.5%的省（区、市），脱硫加价标准可单独制定。该政策至今仍在执行。

61. 煤电脱硝电价

煤电脱硝电价是对已安装脱硝设施、具备在线监测功能且运行正常的燃煤发电机组，提供的上网电价支持性政策。按照《关于扩大脱硝电价政策试点范围有关问题的通知》（发改价格〔2012〕4095 号）规定，脱硝电价标准为每千瓦时 0.8 分，自 2013 年 1 月 1 日起对全国所有燃煤发电机组执行。2013 年，国家将燃煤发电企业脱硝电价补偿提高至每千瓦时 1 分，执行至今。

62. 煤电除尘电价

煤电除尘电价是对采用新技术进行除尘设施改造、烟尘排放浓度低于一定标准，并经环保部门验收合格的燃煤发电企业提供的支持性电价政策。按照《关于调整可再生能源电价附加标准与环保电价有关事项的通知》（发改价格〔2013〕1651 号）规定，设立煤电除尘电价，对采用新技术进行除尘设施改造、烟尘排放浓度低于 30 毫克/米^3（重点地区低于 20 毫克/米^3），并经环保部门验收合格的燃煤发电企业除尘成本予以适当支持，电价补偿标准为每千瓦时 0.2 分，自 2013 年 9 月 25 日起执行至今。

63. 煤电超低排放电价

煤电超低排放电价是对大气污染物排放浓度满足超低限值要求的煤电企业，提供的上网电价支持性政策。按照《关于实行燃煤电厂超低排放电价支持政策有关问题的通知》（发改价格〔2015〕2835 号）规定，2016 年 1 月 1 日前已经并网运行的现役机组，统购电量每千瓦时加价 1 分；2016 年 1 月 1 日后并网运行的新建机组，统购电量每千瓦时加价 0.5 分；省级能源主管部门负责确认适用上网电价支持政策的机组类型；地方制定更严格超低排放标准的，鼓励地方出台相关支持政策。2020 年煤电"基准价＋上下浮动"市场化电价机制建立后，由电网企业保障供应的电量继续执行超低排放电价。

64. 差别电价

差别电价是依据《产业结构调整指导目录》划分的淘汰类、限制类行业，对电解铝、铁合金、电石、烧碱、水泥、钢铁、黄磷、锌冶炼等 8 类高耗能企业实施用电加价的政策。2004 年，《关于进一步落实差别电价及自备电厂收费政策有关问题的通知》（发改电〔2004〕159 号）印发，我国首次出台了差别电价，对电解铝、铁合金、电石、烧碱、水泥、钢铁 6 类高耗能企业划分为限制类、淘汰类行业，分别执行每千瓦时用电 0.02 元和 0.05 元加价。2006 年，将黄磷、锌冶炼 2 个行业纳入差别电价执行范围，限制类、淘汰类行业用电加价标准分别提高至每千瓦时 0.05 元和 0.2 元；2020 年，进一步提高加价标准至每千瓦时 0.1 元和 0.3 元。

65. 惩罚性电价

惩罚性电价是对能耗（主要是电耗）超过限额标准的企业和产品执行用电加价的政策。2010 年，按照《关于清理对高耗能企业优惠电价等问题的通知》（发改价格〔2010〕978 号）印发，要求对能耗超过国家或地方规定的单位产品能耗（电耗）限额标准的企业和产品实行惩罚性电价；超过限额标准一倍以上的比照淘汰类电价加价标准执行，超过限额标准一倍以内的由地方价格主管部门会同电力监管机构制定加价标准；企业和产品名单也由地方相关部门确定。与差别电价相比，惩罚性电价主要有三点不同：一是指定实施的行业范围不同；二是与能耗（电耗）直接挂钩，并非参考《产业结构调整指导目录》间接挂钩；三是地方被赋予了制定加价标准的部分权利。

66. 高耗能阶梯电价

高耗能阶梯电价是对能耗（电耗）水平高于加价标准的高耗能企业，按用电量实施阶梯加价的政策。高耗能阶梯电价既不固定在单一标准（不同于差别电价），地方政府也不参与标准制定（不同于惩罚性电价），而是与能耗（电耗）直接挂钩的、分行业制定全国统一标准。从 2013 年起，我国针对电解铝、水泥、钢铁 3 个行业先后出台了高耗能阶梯电价政策；2021 年进一步完善了电解铝阶梯电价标准。《关于印发促进工业经济平稳增长的若干政策的通知》（发改产业〔2022〕273 号）提出，要建立统一的高耗能行业阶梯电价制度，加价电费专项用于支持企业节能减污降碳技术改造。

国网能源院认为，建立统一的高耗能行业阶梯电价制度可发挥三方面积极作用：一是可整体建立起分档标准动态调整机制，改变过去执行标准落后于生产实际的状况，为发挥杠杆作用提供基础；二是可对加价执行标准进行系统性优化，进而对高耗能企业生产成本产生重要影响，以增强电价杠杆作用；三是进一步规范电价秩序，使电价规则更加清晰，严肃电价执行。

67. 清洁取暖电价

清洁取暖电价是对"煤改电"居民取暖用电的价格优惠政策。一是对"煤改电"居民用户合理取暖电量执行居民生活用电第一档阶梯电价，并在采暖季适当延长谷价时段；二是对于参加电力市场交易的采暖用电，谷段输配电价按平段价格 50%执行。

六、政府性基金及附加

主要介绍随同电价征收的政府性基金及附加。政府性基金及附加是到户销售电价的重要组成部分。长期以来，政府性基金及附加为促进我国电力事业发展，实现电力公共政策目标发挥着积极作用。现行随电价征收的政府性基金及附加主要有五项，即国家重大水利工程建设基金、大中型水库移民后期扶持基金、地方水库移民扶持基金、可再生能源电价附加和农网还贷资金。

68. 国家重大水利工程建设基金

国家重大水利工程建设基金是国家为支持南水北调工程建设、解决三峡工程后续问题以及加强中西部地区重大水利工程建设而设立的政府性基金。该基金从 2010 年 1 月 1 日起开始征收，前身是三峡工程建设基金。重大水利基金在除西藏以外的全国范围内，扣除贫困县农业排灌用电量后筹集，征收至 2025 年 12 月 31 日。征收标准在 2017—2019 年先后降低 25%、25% 和 50%。2021 年征收标准为每千瓦时 0～0.42 分（其中湖北为 0 分，江苏约为 0.42 分）。

<table>
<tr><td>三峡工程建设基金</td></tr>
</table>

三峡工程建设基金是国家通过电力加价等特殊措施而筹集，专项用于三峡工程建设的资金。三峡工程建设基金于 1992 年启征，2009 年停征后变更为国家重大水利工程建设基金。

69. 大中型水库移民后期扶持基金

大中型水库移民后期扶持基金是国家为扶持大中型水库农村移民解决生产生活问题而设立的政府性基金。该基金于 2006 年按照《关于完善大中型水库移民后期扶持政策的意见》（国发〔2006〕17 号）要求设立。2017 年征收标准降低 25%。现行征收标准为每千瓦时 0.12～0.62 分，征收范围是除西藏以外所有省份的非农业生产用电。

70. 地方水库移民扶持基金

地方水库移民扶持基金是地方政府为解决小型水库移民生产生活困难问题，以及其他在建扶持项目后续资金投入而设立的政府性基金。按照《关于取消、停征和整合部分政府性基金项目等有关问题的通知》（财税〔2016〕11 号），地方水库移民扶持基金自 2016 年 2 月起由省级大中型水库库区基金、小型水库移民扶助基金合并形成。此两项基金于 2006 年按照《关于完善大中型水库移民后期扶持政策的意见》（国发〔2006〕17 号）要求设立。其中，省级大中型水库库区基金针对装机容量 2.5 万千瓦及以上的大中型水库和水电站实际上网销售电量收取，征收标准不高于 8 厘/千瓦时；小型水库移民扶助基金针对装机容量 2.5 万千瓦以下的水库和水电站实际上网销售电量收取，征收标准不超过 0.5 厘/千瓦时。具体方案报发展改革委、财政部审批后实施。目前在河北、福建、河南、重庆、贵州等个别省份施行。

71. 可再生能源电价附加

可再生能源电价附加是为扶持可再生能源发展，随电价收取的附加费。可再生能源电价附加从 2006 年 7 月 1 日开征，每千瓦时 0.1 分；历经 2008 年 7 月、2009 年 11 月、2011 年 12 月、2013 年 9 月、2016 年 1 月五次调整后，征收标准提高至每千瓦时 1.9 分。目前除农业生产以外，其他用电量全部征收可再生能源电价附加，北京、上海、山东、浙江、河南等大部分地区对居民生活用电维持每千瓦时 0.1 分的征收标准。

72. 农网还贷资金

农网还贷资金是专项用于农村电网改造贷款还本付息的附加费。《关于印发农网还贷资金征收使用管理办法的通知》（财企〔2001〕820 号）发布，提出将电力建设基金每度电 2 分钱并入电价，收入专项用于解决农村电网改造还贷问题，具体执行分两种情况：对农网改造贷款一省多贷（指该地区的农网改造工程贷款由多个电力企业承贷）的山西、吉林、湖南、湖北、广东、广西、四川、重庆、云南、陕西等地区，建立农网还贷资金；对农网改造贷款一省一贷的地区，由电网企业自收自用。

电力建设基金

　　电力建设基金是在全国范围内向农业排灌等个别用电以外所有用户征收的，专门用于电力建设的资金，征收标准为每千瓦时2分。2001年电力建设基金政策执行期满，并入电价后的收入专项用于解决农村电网改造还贷问题。

附录　我国电价水平国际比较

（一）平均销售电价比较

2021 年，我国平均销售电价 0.596 元/千瓦时，在 39 个主要国家❶中列倒数第二位，约为各国平均水平（1.130 元/千瓦时）的 53%。

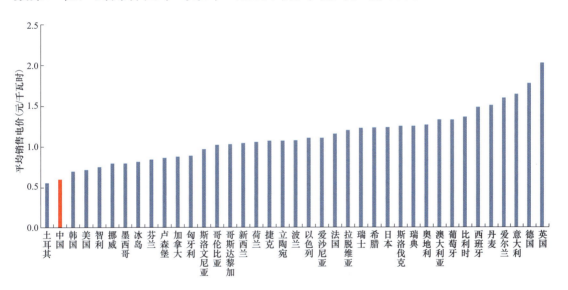

附图 1　2021 年中国与 38 个 OECD 国家平均销售电价情况

2021 年，我国平均销售电价在 10 个新兴工业化国家❷中列倒数第五位，约为各国平均水平（0.699 元/千瓦时）的 85%。

---

❶　39 个主要国家指中国与 38 个 OECD 国家。其中，中国电价数据根据 2021 年国家电网、南方电网、蒙西电网平均数据测算；OECD 国家电价来源于欧盟统计局、国际能源署、美国能源信息署等组织，汇率采用世界银行公布的 2021 年平均汇率。

❷　参考国际上有关划分，新兴工业化国家包括中国、印度、泰国、马来西亚、菲律宾、土耳其、南非、巴西、墨西哥、印度尼西亚 10 国。

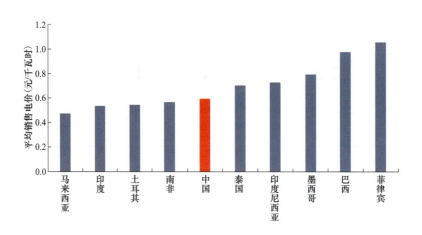

附图 2　2021 年 10 个新兴工业化国家平均销售电价情况

（二）居民电价比较

2021 年，我国居民电价 0.551 元/千瓦时，在 39 个主要国家中列倒数第二位，约为各国平均（1.360 元/千瓦时）的 41%。

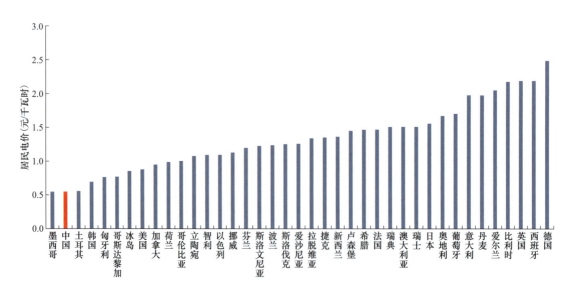

附图 3　2021 年中国与 38 个 OECD 国家居民电价情况

2021 年，我国居民电价在 10 个新兴工业化国家中列倒数第四位，约为各

国平均水平（0.677 元/千瓦时）的 81%；在可获得数据的 14 个 RCEP 成员国❶

中列倒数第五位，约为各国平均水平（0.809 元/千瓦时）的 68%。

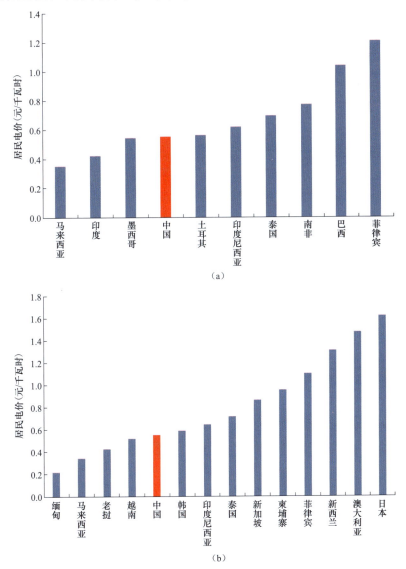

附图 4 2021 年 10 个新兴工业化国家和 14 个 RCEP 成员国居民电价情况

（a）10 个新兴工业化国家；（b）14 个 RCEP 成员国

---

❶ RCEP 成员国包括东盟 10 国，以及中国、日本、韩国、澳大利亚、新西兰等共 15 个亚太国家。为保持 RCEP 成员国口径一致、横向可比，除中国外，其他 RCEP 成员国的电价数据均来自 2021 年 6 月 Global Petrol Price 公布的各国零售电价数据，其中居民电价缺文莱的数据，工业电价缺文莱、柬埔寨的数据。

（三）工业电价比较

2021 年，我国工业电价 0.606 元/千瓦时，在 39 个主要国家中列倒数第三位，约为各国平均（1.032 元/千瓦时）的 59%。

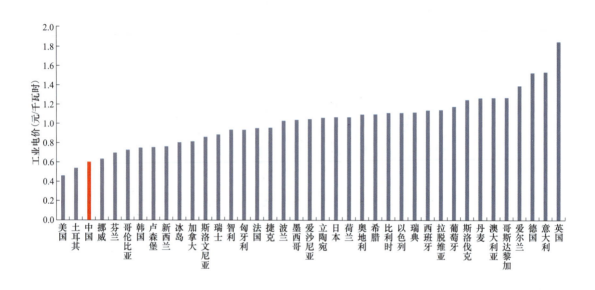

附图 5　2021 年中国与 38 个 OECD 国家工业电价情况

2021 年，我国工业电价在 10 个新兴工业化国家中列倒数第四位，约为各国平均水平（0.732 元/千瓦时）的 83%；在可获得数据的 13 个 RCEP 成员国中位于中游，约为各国平均水平（0.686 元/千瓦时）的 88%。

（四）中美电价比较

2021 年，我国销售电价平均 0.596 元/千瓦时，低于美国的 0.714 元/千瓦时。尽管美国工业电价 0.468 元/千瓦时较我国低 23%，但居民电价 0.885 元/千瓦时较我国高 61%，而美国居民用电占比 39%，较我国高 19 个百分点。

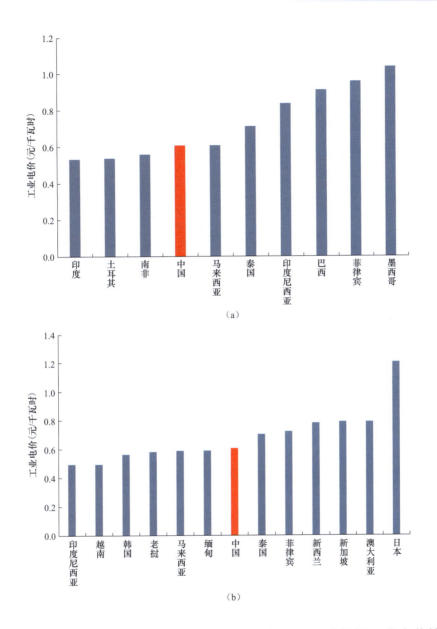

附图 6　2021 年 10 个新兴工业化国家和 13 个 RCEP 成员国工业电价情况

（a）10 个新兴工业化国家；（b）13 个 RCEP 成员国

2021 年，我国上网电价 0.364 元/千瓦时，略低于美国的 0.398 元/千瓦时。

我国具有显著的电源造价优势,各类型发电设施造价都仅为美国的一半左右；

美国具有一次能源成本优势，特别是页岩气、煤炭价格均显著低于我国。

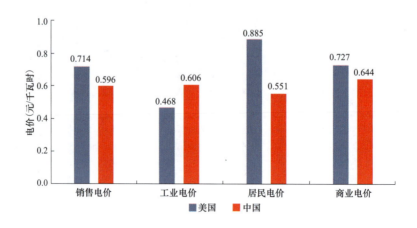

附图 7　2021 年中美销售电价情况

2021 年，我国输配电价 0.182 元/千瓦时，低于美国的 0.252 元/千瓦时。

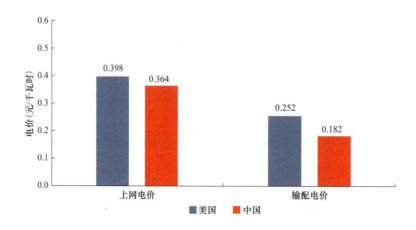

附图 8　2021 年中美上网及输配电价情况

索　引